KAJAPHAS

MAHL / ESSEN

GELEHRTE

MENSCHEN

TAUBEN

DORNENKRONE

JUDAS

TEMPEL

KELCH

WELT

KREUZ

STADT

HIMMEL

RINDER / KÜHE

© Verlag Herder GmbH, Freiburg im Breisgau 2023

Alle Rechte vorbehalten

www.herder.de

Gesamtgestaltung: Ute Kleim, Hamburg

Druck: Graspo CZ, Zlín

Gedruckt auf umweltfreundlichem, chlorfrei gebleichtem Papier

Printed in the Czech Republic

ISBN 978-3-451-71643-0

MICHAELA HANAUER

Auf einem Esel nach Jerusalem ...

DIE OSTERGESCHICHTE IN BILDWÖRTERN

MIT ILLUSTRATIONEN
VON STEFANIE MESSING

HERDER

FREIBURG · BASEL · WIEN

Jesus  ritt auf einem jungen  in die

Jerusalem. Er wollte mit seinen zwölf engsten Freunden,

seinen Jüngern, an einem großen Fest teilnehmen.

Viele  hatten von seinen guten Taten gehört und

empfingen ihn wie einen  . Sie winkten ihm mit

zu und legten sie vor ihm auf den  .

Am nächsten Tag besuchte  den  .

Doch das Haus Gottes glich eher einer Markthalle.

 boten lautstark ihre  an, sogar  ,

 und  . Dazwischen hatten

Geldwechsler ihre   aufgebaut.

 rief: „In meinem  soll man in Ruhe beten können.

Ihr aber habt es zu einer Räuberhöhle gemacht!" Wütend stieß

er die  um und trieb die  hinaus.

Die  waren empört. Was fiel  ein,

so zu tun, als sei es sein Tempel?

Der höchste Priester, Kajaphas , rief die

der  zu sich.

„Dieser bringt Unruhe und Ärger!"

„Aber er ist beliebt bei den einfachen  ",

wandte einer der  ein. „Sie verehren ihn

sogar als  und halten ihn für den Sohn Gottes!"

„Er lügt und beleidigt unseren Gott! Er muss weg",

schimpfte  . „Am besten, ohne dass es jemand

mitbekommt."

Das war gar nicht so leicht.

Dann aber klopfte Judas , einer der zwölf Jünger,

bei  an. Für dreißig  war er bereit,

 zu verraten. Er sagte: „ 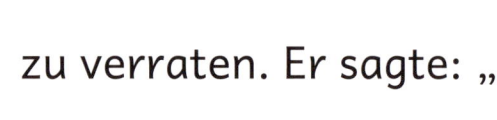 geht fast jeden

 in einen , der Getsemani heißt,

um zu beten. Dort könnt ihr ihn unauffällig festnehmen."

„Doch wie sollen meine  deinen  erkennen?",

fragte .

„Es ist der, den ich auf die  küssen werde", bot  an.

Sehr zufrieden überreichte  ihm als Belohnung

ein  mit den  .

 ahnte etwas. Deshalb lud er seine Freunde ein,

mit ihm am  zu essen.

Er brach das  und teilte es mit ihnen. Ebenso reichte

er seinen  herum, damit alle daraus trinken konnten.

„Denkt an mich und liebt einander weiterhin so, wie ich euch

liebe!", bat er. „Denn leider ist es unser letztes gemeinsames

 . Ein Verräter sitzt mit uns am  ,

und ich muss jetzt den  gehen, den Gott für mich

vorherbestimmt hat." Entsetzt sahen die Jünger sich an.

Nur  schlich schuldbewusst aus dem  .

Nach dem  bat  die Jünger, ihn in den  zu begleiten und aufzupassen. Doch während er betete, schliefen sie ein. Sie wurden erst wieder wach, als sie einige  mit ihren  klirren hörten.  trat hinter einem  hervor. Er eilte zu  und küsste ihn auf die  . Da packten die  .

Die Jünger, allen voran Petrus , wollten  verteidigen.

„Nein!", rief  . „Ich will nicht, dass jemand verletzt wird!"

Widerstandslos ließ er sich abführen.

Heimlich folgte  ihnen zu Pontius Pilatus , dem

obersten Richter in der 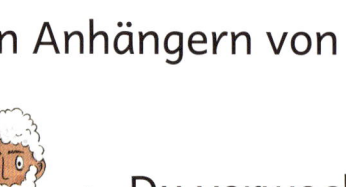 .

Vor dessen  zeigte eine  auf  .

„Der da gehört doch zu den Anhängern von diesem  !"

Rasch schüttelte er den  : „Du verwechselst mich!"

Noch zweimal wurde  für einen Jünger gehalten und

log, weil er Angst hatte, ebenfalls verhaftet zu werden.

Als am Morgen der

krähte, schämte er sich für seine Feigheit und ging zu den

anderen zurück.

Nun stand  vor dem Richter  .

„Was werft ihr ihm vor?", wollte  von  wissen.

„Er hetzt die  auf, er behauptet, ein

und der Sohn Gottes zu sein! Er hat es verdient,

ans ✝ gehängt zu werden, um zu sterben!"

 war unschlüssig. Sollte er  dafür wirklich

verurteilen? Andererseits wollte er selbst keinen Streit

mit dem Priester  .

Ihm fiel ein, dass es zum Fest üblich war, einen Verbrecher

zu begnadigen. Also fragte er die um ihn versammelten

 : „Soll ich den hier freilassen? Oder lieber

den Mörder Barabbas?"

„Barabbas, Barabbas!", riefen die  .

Das überraschte  , aber er gab nach. Doch ließ er sich

eine  mit Wasser bringen und wusch sich die 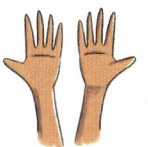 .

Damit wollte er zeigen, dass er nicht schuld an dem Urteil war.

Am nächsten Tag setzte man  eine  auf. Er

sollte das schwere  sogar selbst den  Golgota

hinaufschleppen. Als er dafür zu schwach wurde, befahlen die

 einem jungen ,  zu helfen.

Die  lachten  aus, weil er jetzt hilflos war.

Aber viele  waren unglücklich und weinten

seinetwegen. Als  starb, hörte die  auf

zu scheinen, und der  verdunkelte sich.

Josef , ein einflussreicher Mann, der  heimlich

bewunderte, bat  darum,  ordentlich begraben

zu dürfen.  erlaubte es ihm.

 ließ in ein  bringen und in saubere

 wickeln.

Anschließend rollte er einen großen

vor das

,

um es gut zu verschließen.

Am Sonntag wollten ein paar  das

besuchen und um  trauern. Sie erschraken heftig: Der

 war weggewälzt worden, das  war leer!

Da trat ein  zu ihnen: „Der, den ihr sucht, ist nicht hier.

Er ist von den Toten auferstanden. Geht zu seinen Freunden

und erzählt es ihnen weiter!"

Die  liefen sofort los, um die frohe Botschaft

zu verbreiten.

Zuerst glaubten die Jünger den  nicht.

Hitzig redeten sie durcheinander. Da sahen sie plötzlich  .

„Friede sei mit euch!", sagte er.

„Bist du ein Geist?", riefen die Jünger erschrocken.

 zeigt ihnen die Wunden an seinen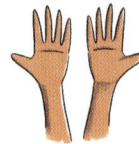

und  und erklärte:

„Es ist alles so gekommen, wie es vorhergesagt wurde.

Seid nicht traurig, sondern freut euch mit mir! Ich kehre

nun zu Gott, meinem Vater, in den  zurück.

Aber ich bin weiterhin für euch und für alle da!

Geht in die ganze  und erzählt

allen  davon!"

PONTIUS PILATUS

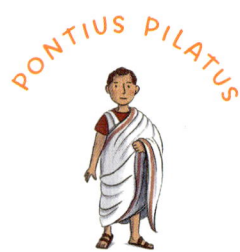

PALAST

ESEL

PALMWEDEL / PALMZWEIGE

LEINENTÜCHER

HÄNDLER

LÄMMER / SCHAFE

WEG

TISCH

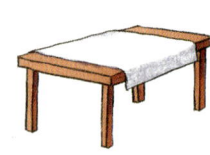

BROT

FRAUEN

WAFFEN